alfred gulden GLÜCK AUF: INS GEBIRG!

g

GEDICHTE

alfred gulden GLÜCK AUF: INS GEBIRG!

g GOLLENSTEIN

MIT BILDERN VON SAMUEL RACHL, EINER VORBEMERKUNG
VON ALFRED DIWERSY UND EINEM NACHWORT VON GÜNTER SCHOLDT

AUF INS GEBIRG UND INS BERGWERK!
EINE VORBEMERKUNG

Jahrhunderte hat der Kohlebergbau die Arbeitswelt an der Saar entscheidend geprägt. Er hat einen Menschenschlag geschaffen, der immer tiefer in die Erde eingedrungen ist, schicksalhaft mit ihr verbunden, bodenständig.

Alfred Gulden ist im Schatten der Grube Duhamel aufgewachsen. Das Thema seines Gedichtbandes, so sagt er, habe er sich nicht gesucht, es habe ihn gefunden. Er schürft in Worten und hebt, aufs Äußerste verknappt, eine vergehende, fast schon vergangene Welt der Arbeit in die Metapher der Sprache und stellt ihr die von Zivilisation und Klimawandel bedrohte Naturlandschaft seiner „zweiten Heimat" entgegen. Beides, Bergwerk und Gebirg, nimmt er in die Obhut der Sprache.

Für den Gedichtband hat Gulden Bilder seines Freundes Samuel Rachl ausgewählt. Wie die Gedichte stehen sie, paarweise, jedes für sich, selbständig. Aber sie sind so angeordnet, dass sie in lebhafte Beziehung zueinander treten. Der Betrachter kann in den Bildern lesen, der Leser in den Gedichten Bilder entdecken. – In diesem Sinne: Auf ins Gebirg und ins Bergwerk!

Alfred Diwersy

GEBIRG

8

GLÜCK

Auf
ins Gebirg Ruck
sack schnür das berg
feste Schuhwerk
Kniehosn Wadlstrümpf
Karohemd Filzhut
Wanderstock Schwindel
freiheit

GERÖLL
FELD

Kein Halt
wo greifen
kein Halten
rutschfest
nichts da
tausend Steine
wollen dich
bewegen dass
du fällst

ECHO

Das was
du rufst
gibt dir
die Wand
doppelt zu
rück ja mehr
fach uns auf
ihre Weise

RAST

Auf halber Höhe
hinter dir
das Steilstück
in Stotterschritten
hoch trotzdem
das Herz rast
in die Schläfen
dein Blick von Stein
zu Stein zählt
Schritt für Schritt
jetzt Rast
für lange

FELSQUELL

Das Wasser
sprudelt nur
so als ob
mit Moses Stab
herausgeschlagen
eiskalt gerade
recht die Fieber
stirn zu kühlen

IN DER WAND

Mitten schon
im Quergang stehn
und ohne Seil und
ohne Haken fuss
breit nur die Spur
vor dir unter dir
nicht schaun
die Tiefe ein Fehl
tritt und der Fall
erledigt aus ab
ins Bodenlose
schau her hier
über dir der Fels
ein Wolkenkratzer
nichts gehört dir
mehr gehorcht dir
später siehst du
dich ein Käfer fest
genagelt in der Wand
das zappelt lange
vor sich hin

GRAT

Wie die Dohlen
sich im Wind
zerraufen über dir
um dich herum
wo die Angst
dich niederdrückt
Bergrücken Reiter
wo du weisst
kein Schritt nur
Fliegen hilft hier
weiter

EIN HAUS AUF DEM BERG

Oder du schaust
auf den Berg
da im Gegenlicht
Westpunkt hinter dem
die Sonne abfällt
das Haus allem aus
gesetzt da oben
Blitzfang Wolkenbrecher
Regentraufe Sonnensegel
Windfang Nebelkrähe
Wetterhexenhaus der Zwerg
bleibt immerdar ein Zwerg
und stünd er auf
dem höchsten Berg
Galgenberg Kreuzholz
Schönster Herr Jesus
Kimme Korn Ziel
kreuz

WOLKEN

Gebirg überm Meer
im Augenblick Bilder
Schiff Burg Kathedrale
zunehmend schwer
senkt es sich plötzlich
in einem Wolkenbruch
fällt es über dich her
begräbt dich unter sich
was eben noch Schiff Burg
Kathedrale war wirbelt
die Schraube kippen die
Zinnen stürzen die Pfeiler
ein Wasserfall Weltunter
gang ins nahtlose Blau

BERGGEIST

Tief in den Berg
hineingeheimnist
sitzt er da
für immer jung
Falun ist anderswo
sein Bart wuchs
durch den Tisch
er grummelt poltert
tief drin im Berg
ein letztes mal
dann Einschluss
im Stein und Ruh

GIPFEL

Das ist
am Gipfel
ein Kreuz
ein Stein
der Zettel
drauf steht
in Krakeln
wies weiter geht
weiss Gott
ich nicht

WEISSER BERG

Kein Schnee am Berg
kein Gletschereis
das Mondlicht färbt
die Wände weiss
ein Riesen Raum
du stehst ein Zwerg
ein Leinwand Traum
kein Schnee am Berg
kein Gletschereis
ein Film läuft ab
in Schwarz in Weiss
ein Vogel schießt
ein Stein durchs Bild
die Stille ist
plötzlich zerschrillt
das Echo bellt
dem Vogel nach
das Himmelszelt
ist ach kein Dach
du stehst die Welt
fällt nach und nach
ins eigene Grab

GRUND

Übern Berg
gesprungen
fiel die Fieber
kurve ab
ins Tal noch
nicht ganz unten
fast normal
Rückblick
Gipfel schnee
weiss die Haut
jetzt tief Schlaf
im kühlen Wiesen
grund

ZUHAUS

Versetzt der Berg
kein Tal mehr
wo es war ist
Flachland bricht
der Horizont ins
Erdreich Wurzel
kinder spielen dort
wo einst das schwarze
Gold zuhaus war

BERGWERK

GLÜCK AUF!

Dann fallen
tausend Meter
tief und mehr
der Schacht
ins Dunkle Erd
reich Eingeweide
Kohlen Gräber Berg
arbeiter unter
Tag und Nacht
schicht

DER TEUFEL IM STOLLEN

War ich spielte
rothaarig du bist
der Teufel sagte der
Lehrer den Teufel
die Hölle unter der
Erde Termitenbau
löchrig ein Sieb
jede Sünde ein Fall
ins Bodenlose

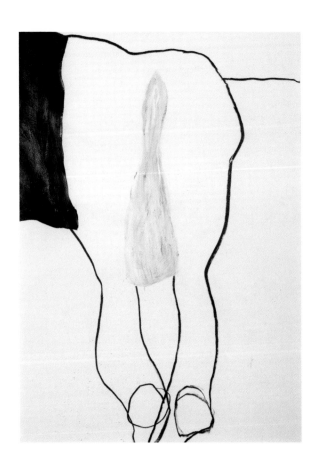

BLINDER GRUBENGAUL (1930)

Zolnhofer hat ihn
gemalt das Rot
im Auge des Gauls
zerplatzte Ader
ein letztes Auf
blitzen dann Nacht
vor den Augen
dahinter die Bilder
von Wiesen weit
der Himmel im Schacht
nur noch Nacht

RISSE

Das Rollen Poltern
unterm Haus
auf einmal 40 Meter
tief ein Loch
wo eben noch
der Wagen stand
die Flasche rollt
von Wand zu Wand
es knistert knackt
das Dach verzieht
die Fenster hängen
schief die Tür schließt
nicht mehr ab
die Bodenschräge
wächst es wächst
die Angst mit jedem
neuen Riss mit jedem
alten weiter

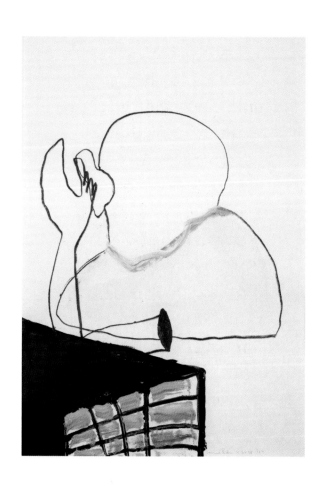

UNTERTAG

Diese Uhr meine Uhr
meine Sonntagsuhr
unter Schlägel und Eisen
in Gold die Gravur
Barbaratag 65/ 14 K
gehört einmal dir
sagt er zu mir
und der Husten dazu
Staublunge Bergmanns
los im Deckglas der Riß
nicht von Untertag
im Schacht kein Schlag
der Griff ans Herz
vorm Bett der Fall
ins Dunkle Bodenlos
Diese Uhr seine Uhr
seine Sonntagsuhr
gehört jetzt mir

BERGE HALDEN

Je tiefer weiter
ab ins Erdreich
wächst die Halde
sich vom Hügel
hoch zum Berg
ein Zeichen sichtbar
weithin da ist
Arbeit war einmal
es war einmal so
hört ein Märchen
auf

MANN AUS EISEN

Aufgeschaut hoch
in die Rippen aus Eisen
die rollenden Augen
im Schädelquadrat
breitbeinig steht er
noch da aufrecht
Kraftkerl ungeheuer
bei jedem Wetter
sagt er lasse hinab
hebe hoch hole heraus
jetzt der Rost frißt
ihn auf unerbittlich
die Wetter sind
Helfer der Zeit vorbei
nutzlos hebt nicht holt
nicht heraus hilft nicht
mehr aus

NORDSCHACHT

Höllensturz wir Engel
weiß gekleidet die
Flügel geknickt
das Licht tragen wir
auf der Stirn
im Fallen vergessen hier
die Angst das Dunkel
von Staub zu Staub
blitzt es auf
wir Engel schwer
geknickt die Flügel
fallen und fallen
durch immer mehr

BERGZWERGE

Dieses Bild die Wichtel
männer mit Kaputzen
liegen knien und stehn
in engen langen Röhren
in den Händen Schlägel
Eisen brechen treiben
Erz aus dem Gestein
dieses Bild der Quer
schnitt durch ein Berg
werk buntes Treiben
im Termitenbau der Text
darunter damals hart
unmenschlich hart
die Kinderarbeit unter
Tag

299

Es gibt viele Zahlen
Kombinationen die
mir etwas sagen
wie diese hier
Dreidreidrei Einsneunvierzwei
Einssiebenachtneun Einsneunviervier
eine aber sagt nichts
sie schreit schreit mir
den Schmerz ins Gesicht
zweineunneun diese Zahl
Luisenthal Luisenthal

HAUER

Da liegt er kriecht er
jeder Schlag quer
durch den Körper jeder
Stoß die Poren saugen
Staub Ablager in der Lunge
da liegt er kriecht er
wieder ein Stück weiter
in den Berg wieder ein
Stück mehr heraus ge
schlagen jeder Stoß da
liegt er kriecht er quer
im Kinderlesebuch der
Satz:
Und wäre nicht der Hauer
so hättest du kein Brot
doch auch die Doppelwalzen
schrämlader Arbeitsleistung
von hundert Kohlehauern
sind lange Rost und Schrott

ALLE WETTER

Wetter fühl ich bin ich
eingeschlossen tief im Schacht
Wetter fühl ich hab ich
Angst die Nasenklammer
Mundverschluss der Luft
Strom dünn ein Fädchen
reiss nicht häng ich auf
mir Millionen Tonnen schwer
der Berg eintausend Meter
tief und mehr lieg ich ein
geschweisst der Film jetzt
Dunkel Ende denk ich aus
mit letzter Kraft noch hoch
und auf zum Fenster kreuz
die frischen Wetter fallen
ein

SCHWARZE WÄLDER

Hinein tief in die schwarzen
Wälder auf Pfaden gehauen
mühsam in Tag und in Nacht
Schicht um Schicht weiter
und weiter und tiefer hinein
kein Schneewittchen verirrt sich
jemals hierher keine Chance
für die sieben Zwerge wer hat
mein Schlägelchen wer mein
Eisen genommen gibs wieder her
Fallada blind ergeben klag
los zieht es den schweren Wagen
in wilden Nächten im schlagenden
Wetter treibt der kopflose Jäger
die Hundemeute durchs dichte
Gehölz das knackt es bricht sich
Bahn in heulenden Blitzen in Feuer
stößen jagt der Teufel dem Tod
hinterher in die schwarzen
Wälder

BERGWERK

Ach weisst du die Berg
arbeiter wie wir
tragen die Berge
ab mit den Füssen
bis nichts mehr weiter
geht hinauf hinab
bis das Herz still steht
und wir das flache
Land aus dem Meer auf
steigen sehn am End

NACHWORT

„Glück auf: ins Gebirg!" Unter diesem doppeldeutigen Titel hat Alfred Gulden 28 zwischen 2004 und 2005 entstandene Gedichte zusammengestellt, die den Themengruppen „Gebirge" und „Bergwerk" angehören. Es handelt sich um lyrische Miniaturen, sprachliche und gedankliche Konzentrate. Satzzeichen fehlen ihnen durchweg, Worte sind ohne Trennungsstrich versmäßig gebrochen – eine bewusste Verständniserschwerung, die ein Innehalten und ein die Aufmerksamkeit schärfendes Lesen erfordert.

Dieses wiederum erschließt uns eine Welt von Worten und Formen, Vorstellungen und Erinnerungen, die der Mühe lohnt und Entdeckungen verheißt. (Man denke exemplarisch an ein Gedicht wie „Echo" und das raffinierte Klangspiel der a-u-i-Folge: „Das was / du rufst / gibt dir …".)

Inhaltlich erscheinen der in den Himmel hinaufragende Berg, auf dem ein vereinzeltes Haus als „Blitzfang", „Wolkenbrecher", „Regentraufe" oder „Sonnensegel" figuriert, und der ins tiefste Erdreich gegrabene Stollen, in dem der Volksglaube zuweilen den Teufel oder andere Dämonen ansiedelte, auf den ersten Blick als extrem kontrastive Erlebnisbereiche. Und doch sind sie – wie bereits die Mehrdeutigkeit der Begriffe „Berg" und „Gebirge" verrät – viel näher verbunden, als man zunächst vielleicht annahm.

Insofern wird der Titel denn auch gleichermaßen beiden Gedichtzyklen gerecht und besitzt seine Bedeutung in beiden Wohnorten des Autors: der saarländischen Geburts- und der abwechselnd bezogenen bayrischen Wahlheimat. „Glück auf: ins Gebirg!" versteht man in beiden Bundesländern, mögen auch die Berge in einem Fall von der Natur geschaffen, im anderen buchstäblich aus der Erde gewühlt sein.

Dazu passt auch die gattungsübergreifende Zusammenarbeit mit dem Münchner Künstler Samuel Rachl, der wie bei Guldens früherem Lyrikband „Fall tot um" die Zeichnungen gefertigt hat. Sie verstehen sich weniger als Illustrationen der ihnen zugeordneten Gedichte denn als Komplemente bzw. vom Autor ausgewählte eigenständige Beiträge zum Thema. Eine weitere Form künstlerischer Kooperation bietet Christof Thewes' Vertonung von Guldens Gedichten, die am 19. Februar 2006 in der Saarbrücker Modernen Galerie uraufgeführt wurde. Die reizvolle Jazz-Komposition wird originellerweise ausschließlich von Bläser-Sätzen getragen – wohl im Hinblick auf die poetisch evozierten Landschaften respektive deren traditionelle Musikinstrumente.

Damit zu diesen Landschaften – oder sollte man sagen: elementaren Urwelten –, in denen sich die grundsätzliche Dualität von Höhe und Tiefe, Aufstieg und Abstieg entfaltet. Sie vermitteln zunächst einmal Naturerlebnisse, dazu existenzielle Erfahrungen und Eindrücke, vom nachhallenden Echo über den sprudelnden Felsquell bis zum lockenden Gipfelkreuz, vom Angstschauer beim Anblick von gefährlichen Geröllhalden über die höhenbedingte Atemnot bis zu Schluchten, die Schwindel erregen. Man genießt die Bergrast als kreatürliche Attraktion oder taucht angesichts des Farbspiels eines Gipfelriesen in Traumregionen ein.

Von besonderer Art sind die Assoziationen zu Texten aus dem zweiten Zyklus, die vielfach aus Kindheitserinnerungen des Autors gespeist sind. Das reicht von bergmannsbezogenen Stegreifspielen in der Schule bis zu Mitleidsgesten gegenüber Grubenpferden, die zum armen Falada des Märchens in Beziehung gesetzt werden. Bis heute hat Gulden zur Montanindustrie eine ganz eigene Beziehung bewahrt, was auch familiär begründet ist. Sinnfälliger Ausdruck ist die vom Onkel vermachte Bergmannsuhr mit Goldgravierung zum Barbaratag. Von diesem stammt auch der anschauliche Vergleich, das Saarland sehe unten aus wie ein Schweizer Käse. Auch Sprichworte, Kinderreime oder Lesebuchstellen sind in diesen Text eingegangen, z.B. die spezifisch saarländische Abwandlung, der sonst auf den Bauern gemünzten Verse: „Und wäre nicht der Hauer / So hättest Du kein Brot".

Darüber hinaus lebt die frühe Lektüre von Sibylle Olfers' „Die Wurzelkinder" wieder auf und verschmilzt mit der tiefenpsychologischen Vorstellung vom Bergwerk als Höhle. Guldens Sprachmaterial ist weithin mythisch aufgeladen. Die Kohle entstammt schließlich dem Urwald, der Schatzgräber anzieht, die nach „Schwarzem Gold" auf der Suche sind. Berggeister bevölkern die Szenerie, der Kyffhäuser spielt mit hinein wie der Wilde Reiter. Weitere intertextuelle Anleihen bieten die Brüder Grimm, z. B. mit „Schneewittchen und die sieben Zwerge".

Doch fehlt es auch nicht an konkreten sozialgeschichtlichen Bezügen, von den Staublungen der Kumpels bis zu den Bergschäden ihrer Häuser. Die Bergzwerge wiederum erinnern an die früher verbreitete Kinderarbeit in buchstäblich lebens- und gesundheitsbedrohenden Stollen. Die Zahl 299 verweist auf die schreckliche Verlustziffer ums Leben gekommener Bergmänner bei dem hierzulande noch heute im Gedächtnis gebliebenen Grubenunglück von Luisenthal im Jahre 1962.

Als Grundstimmung der Gedichte herrscht – und darin liegt ihre besondere dialektische Aktualität – gewiss keine Nostalgie, aber das unverdrängbare Bewusstsein, dass die Epoche, in der dieser Berufszweig das Saarland prägte, weitgehend vorbei ist. Der langsam vom Rost zerfressene „Mann aus Eisen" vermittelt es symbolisch. Insofern lesen sich Guldens Verse als eine Art literarischer Nachruf auf jene Berufs-, Bild- und Vorstellungswelt, die uns im Zuge wirtschaftlicher Umstrukturierung zunehmend entgleitet.

Worte und Metaphern wie „Schwarzes Gold" sind bald nicht mehr allgemein geläufig. Und damit erklingt zugleich ein poetischer Abgesang auf das, was einmal regionale Identität verlieh. Mit den Sachen verschwinden schließlich auch die Begriffe und Empfindungsmuster. Zumindest sie sollten wir jedoch konservieren bzw. in unsere Zeit hinüberretten, und sei es in der Literatur, die ja grundsätzlich im Vergangenen und Vergehenden auch die Gegenwart transparenter macht. In diesem Sinne lebendiger Traditionswahrung werde aus dem Ruf „Glück auf: ins Gebirg!" ein „Glück auf: ins Gedicht!"

Saarbrücken, im April 2008
Günter Scholdt

ALFRED GULDEN: geboren 1944 in Saarlouis/ Saarland. Lebt als freier Schriftsteller und Filmer in München und im Saarland. Preise, u.a. Stefan Andres-Preis und Kunstpreis des Saarlandes. Mitglied des P.E.N. und Chevalier de l´Ordre des Arts et des Lettres.

Veröffentlichungen, in Auswahl, Romane zB: „Greyhound", „Die Leidinger Hochzeit", „Ohnehaus", „Dreimal Amerika". Erzählungen zB: „Auf dem Großen Markt", „Silvertowers", „Frau am Fenster". Gedichtbände zB: „Das Ding Erinnerung", „Falltotum".

Zahlreiche Dokumentarfilme, zB: „JoHo. Porträt Johannes Hoffmann"(SR), „Grenzlandschaft. Fünf Filme." (SR), „Glück im Unglück. Die Geschichte der Madame Carrive" (BR), Filmerzählungen zB: „A Coney Island of my heart. Eine Geschichte in New York" (SW3), „Bahnhofsgeschichten" (SR).

Theater in Auswahl zB: „Vorgänge/Vorstellungen" (UA München 1969), „Saarlouis 300" (UA 1980 Saarlouis), „Splitter im Aug" (UA 1984 Saarbrücken), „Dieses. Kleine. Land." (UA 2005 Saarbrücken), „Siebenschmerzen" (UA 2008 Luxembourg).

Langjährige Zusammenarbeit mit Musikern und Bildenden Künstlern (Künstlerbücher und CDs), Realisation von Kunstaktionen.

Ausführliche Angaben zu Bio-Biblio-Filmo- und Discografie in „Zwischen Welt und Winkel. Werk und Lesebuch", Hrsg. Günter Scholdt, St. Ingbert, oder auf www.alfredgulden.de

SAMUEL RACHL: geboren 1941 in Traunstein. Lebt und arbeitet in München.

Stipendien: Kunstfonds Bonn, Akademie Schloß Solitude, Förderstipendium München.

Ausstellungen im In- und Ausland.

Einzelausstellungen: Zuletzt 2007: Fleißerhaus Ingolstadt.

Unter anderen: Kunsthalle Mannheim, Saarland Museum Saarbrücken (mit A. Gulden), Perroen Galerie Maastricht, Galerie Yamguchi Soko Tokio, Schloß Porcia Spittal.

Ausstellungsbeteiligungen: Zuletzt 2007: 5. Biennale Novosibirsk.

Unter anderen: German Arts Taipei, Beeld en Route Holland, Kestner Gesellschaft Hannover, Nationale der Zeichnung Augsburg.

Ab 1987 Installationsperformances mit Angela Dauber und mit weiteren KünstlerInnen verschiedener Sparten.

Weitere Informationen: www.rachl.com

INHALT

GEBIRG

Glück 9
Geröllfeld 10
Echo 13
Rast 14
Felsquell 17
In der Wand 18
Grat 21
Ein Haus auf dem Berg 22
Wolken 25
Berggeist 26
Gipfel 29
Weisser Berg 30
Grund 33
Zuhaus 34

BERGWERK

Glück auf! 39
Der Teufel im Stollen 40
Blinder Grubengaul (1930) 43
Risse 44
Untertag 47
Berge Halden 48
Mann aus Eisen 51
Nordschacht 52
Bergzwerge 55
299 56
Hauer 59
Alle Wetter 60
Schwarze Wälder 63
Bergwerk 64

Nachwort 68
Kurzbiografien 70

IMPRESSUM

Buchgestaltung und Satz Demel
Schrift Corporate S, DIN Engschrift, Garamond
Papier 150 g/m^2 Claro Silk
Druck Merziger Druckerei und Verlag GmbH
Bindung Buchbinderei Schwind

Printed in Germany
ISBN 978-3-938823-29-3

Gedruckt mit freundlicher Unterstützung von